Sírveme

Una

tacita

de ti

Cynthia Zaid

Sírveme

Una tacita de ti

"The part of me that's
you will never die"

ÍNDICE

CHOCOLATE CALIENTE

INFUSIÓN DE CANELA

PRÓLOGO

"Una tacita de ti" da nombre a mi segundo libro. Se trata principalmente de una recopilación de frases cortas, que surgieron como resultado de años de pensamientos vagos y experiencias, de imaginación y observación; de pensamientos que llegaron impetuosamente y encontraron su hogar inmediato en mi blog notas.

Diría que es un libro que se bebe a pequeños sorbos, así como se toma una taza de alguna bebida muy caliente mientras te abraza o golpea un recuerdo.

Te invito a leerlo a poco a poco, acompañado de una tacita de lo que más te guste...

Té de menta

Te amo sin experiencia

Temo que no llegues a entender que no sé cómo hacer esto. Que estoy improvisando. Que intento hacer música con lo que sé de pintura. Que tengo que echar mano de la experiencia de toda una vida sin ti, para la práctica de una vida contigo. Que estoy cometiendo errores por primera vez para no cometerlos por segunda; y que, si bien no alcanzo la perfección a la que aspiras, me levanto con la convicción de ser suficiente para ti todos los días.

¿Para qué otra vez?

¿Qué me gano con volverte a ver?

No vas a correr tras de mí

no voy a correr tras de ti

Nos vamos a mirar de lejos

pensando a quién le corresponde acercarse

y ninguno lo va a hacer.

¿Qué me gano con toparme contigo?

No cambiará nuestro destino

que te bese otra vez.

Alguien como tú

En qué trampa fui a caer cuando mi subconsciente me jugó la broma de fijarse en tu reflejo. ¿Qué pensé?, ¿que así me sería más fácil dejarte ir?, ¿que si su pelo, su sonrisa y su forma de reír fuesen como la tuya, te diría que cualquiera ocupa tu lugar?

Tan llenos de ti estaban mis ojos que cuando vi un reflejo tuyo en otra persona me aferré a ella. Es una verdad, que si no peco de ingenuidad, nadie notará. Quizá sea una ventaja que ella misma no comprenderá, que me aferro a su amor para no dejarte ir de nuevo. Que si le pierdo sería como perderte dos veces a ti y me niego.

Es claro que jamás te dejé ir, que solo busqué la forma de retenerte en otro cuerpo. Pero la realidad es que, entre más se esfuerza por ser mejor, más se parece a ti; y entre más se esfuerza por enamorarme, más desearía que fueras tú.

1

Quise despertarte, que te dieras cuenta de los errores que cometías, pero siempre pedías tus cinco minutos más.

2

A causa de tu voz regresaría una y otra vez a los lugares donde ya he muerto.

3

Nuestra historia se resume a aquel encuentro en el que teníamos tanto que reclamarnos y simplemente nos abrazamos.

4

Tal como en una rueda de la fortuna:
giramos y giramos, a veces estamos arriba,
a veces abajo, pero no vamos a ningún lado.

5

La soledad duele más cuando es en compañía.

6

En cuanto a mí déjame decirte que estornudo con
el sol y que estoy segura de haberme encogido
un centímetro en el último año, quizá dos. Que mis
ojeras son genéticas. Y que, dejando de lado la
desventaja estética, es útil cuando no quieres que
se te note el amor.

7

Un día voy a regresar a los lugares donde me rompieron el corazón, sin las personas que me rompieron el corazón, para hacer con esos lugares las paces.

8

Qué fidelidad tan enferma esa de un corazón que no se quiere enamorar de nuevo porque sigue ocupado. Imagino a la mente diciendo: «enamórate de nuevo». Y el corazón contestando: «no, porque qué tal que lo olvido, que lo reemplazan, que me lo sacan de adentro».

9

Entendí que *nunca* también es para siempre.

10

Si pudiera regresar el tiempo lo haría para no cometer las mismas estupideces...

(y también para cometer algunas de nuevo)

11

Te hubiera dicho que sí...

Pero nunca preguntaste.

12

¿Y si la tercera despedida es la vencida?

13

Te prometo que tú serás mi Roma
y que todos los caminos me llavarán a ti.

14

Diré que ahora que estás feliz me alegro por ti.
Pero no te preocupes en regresarme el comentario
por cordialidad: tú por mí no tienes nada de qué
alegrarte.

15

Hoy concluyo que de tu parte hubo siempre más
ganas que verdaderas intenciones.

En cosas del amor
no hay nada más sensato
que volverse loco...

17

¿Qué hago corriendo detrás de alguien
que me ve correr tras él y no se detiene?

18

«No debes pedirle a alguien algo que no te ha
ofrecido», decía mi madre. Comprendo ahora que
pedirte amor sin que me lo ofrecieras estuvo mal.
¡Quién diría que tanto dolor es a causa de mis malos
modales!

19

Esta ausencia de ti me parte los labios.

20

Los borreguitos no se quieren dormir,
quieren que les cuente nuestra historia otra vez.

21

Te estaba esperando con paciencia,
pero llegó por mí alguien que tenía mucha prisa.

22

Hace mucho que no me rompían el corazón.
Y la última vez también fuiste tú.

23

No sé cuál sea su lado de la cama,
pero le ofrezco —a modo de negociación—,
modificar el mío si es necesario.

24

Me niego a morir en tu memoria o a que me
recuerdes con paz y desahogo; si no me amas,
has de odiarme con todo el furor de tu corazón;
si no soy tu amor eterno, que sea tu peor error.

25

Perdón por mi actitud,
pero hay días en los que me levanto sin ganas de
recibir las miserias de amor que me das.

26

Me encanta la confusión
que hay en la cara de tus enemigos
cuando te beso.

27

Un beso contigo es mejor por la admiración que
te tengo. Por el orgullo que me da saber que por
unos instantes tú y yo somos uno, que me fusiono
contigo y soy tan grande como tú.

28

¿Con cuál de todos los cachitos
quieres que te vuelva a querer?

29

¡Qué ganas de equivocarme dos veces contigo!

30

Contigo ya voy entendiendo un poco más
cómo funciona esto de la vida.

31

Perdón por convertirte en todo para mí, a lo mejor
era mucha responsabilidad. Te di una vida y un
corazón en tus manos y te dije cuídalos; yo debí
preguntar si podías y decirte que eran delicados.

32

—Lo que no entiendes es que ya alguien me rompió el corazón.

— Y yo se lo agradezco, quien sea que haya sido, porque por una de las grietas que dejó, me dispongo a entrar yo.

33

— Quiero quedarme contigo.

— Debes buscar lo que necesitas, no lo que quieres.

— Ese es el punto: lo que quiero es una vida tranquila, lo que necesito es a ti.

34

Cuando un hombre ama a una mujer
es como si de pronto le salieran alas.

35

Aún te amo.
Y ya me perdoné por eso.

36

— Quiero encontrar tu punto débil.
— Todos mis puntos son débiles, tú los haces fuertes.

37

«En el fondo me odias», dijo.
«En el fondo te amo», quise decirle.

38

Se me nota que no estás...

39

Ella era parecida a ese tipo de poesía que me disgusta: aquella que, aunque es bella en sus partes, al terminar de leerla completa descubres que no te dijo nada.

40

Después de tanto contemplarte concluyo que tu mirada más linda es cuando volteas de reojo a la derecha y que eres más bonita del lado izquierdo.

Ponche
de frutas

Hoy vi un corazón romperse

Es curioso, pero parece que cuando el corazón se rompe, rompe fibras conectadas al rostro. Hoy vi un corazón romperse, una sonrisa colgarse, formar un arco tembloroso que caía en picada.

Vi aparecer prominentes ojeras oscuras a tono con un rojo pálido instalado en la cara. Los ojos parecieron hundirse en sus cuencas, los párpados ser cortinas a medio abrir. El peso de la cara debió ser tal para los hombros que estos se dejaron caer hacia enfrente, tirando consigo la espalda y formando una curva deforme desde la que el ánimo parecía echarse de resbalada.

Antes lo había sentido, el corazón hacerse pedacitos, pero jamás había visto un corazón romperse y romper el cuerpo consigo.

Te quiero a todas horas

Quiero que sepas que te quiero. Aunque nunca te lo diga, yo te quiero. Aunque a veces me desquicias, aunque a veces te desquicio; aunque a veces no me entiendas, aunque a veces no te entiendo. Todas esas veces que piensas que no te quiero, yo te quiero. A las siete de la noche, a las cuatro de la tarde, a las seis de la mañana, yo te quiero.

Noches de diciembre

Será que también me recuerdas
Y sentado en la banca de un parque
rememoras la historia
Y al pasar una extraña dejando su perfume en el viento
recuerdas mi aroma
Será que también miras al teléfono pensando si un día
me vuelvo cobarde o me vuelo valiente
y reaparezco en tu vida y revivo la gloria
Será que también sales a la calle y calculas la probabilidad
tan improbable
de encontrarte conmigo sin buscarme
y que cargue la casualidad con la culpa
Será que también evitas decir mi nombre en voz alta
para no invocarme
pero igual me invocas
Será que te sobran fuerzas para mantenerte lejos
y lejos te mantienes
pero igual me añoras
Será que en las noches de diciembre también me recuerdas
y te caen de golpe los años
y piensas que la vida era mejor
mucho mejor
de lo que nos es ahora.

Dame un beso con sabor a café...

41

Quererte fue un suicidio
que por desgracia me dejó vivo.

42

Descubrí quién eras tú detrás de esa máscara,
y quién era yo detrás de ti.

43

Quiero tu amor para mí,
para escribir,
para ser feliz.

¡Cuánta razón tenían

mis miedos!

45

Miré fijamente al doctor y le dije: "Para no perder ambos el tiempo, partamos por favor de este hecho: que a mí no me duele algo, que me duele alguien y que me está matando».

46

Apuesto que mi recuerdo es el lugar donde te pierdes cuando ella te pregunta en qué piensas.

47

Cuéntame dónde has estado,
por dónde vas
y a dónde quieres que lleguemos juntos...

48

Te perdono...
(si algún día me pides perdón)

49

El adiós no duele; siempre es un poco de mutuo
acuerdo, de quien lo da y de quien se permite
recibirlo. El que duele es el que no se dice; de quien
se va y no se despide, solo desaparece.

50

Mirar tus manos y meditar en el derecho absoluto
que tienen de enredarse con las mías.

51

Y como aquellas grandes obras donde el autor
olvidó poner su nombre, seré siempre ese ser
anónimo que jamás recibirá reconocimiento por
haberte amado tanto.

52

Estas ganas de ti
que ni contigo se me pasan...

53

Días como hoy extraño lo que me dabas,
que quizá no era amor,
pero hacía compañía.

54

Lloro porque se me metió
una basurita al corazón.

55

Me rompiste todo,
desde el corazón hasta la reputación.

56

Eres como un libro que se toma prestado de la
biblioteca. Que leo, quiero subrayar, y no puedo.
Quiero tenerte en mi buró, leerte cuando quiera.
En la noche sobre todo, cuando tenga ganas de
leer, tenerte ahí, junto a la cama,
al alcance de mi brazo.

57

Vaya, viva su vida en libertad...
Pero si un día quiere casarse, búsqueme.

58

Creo que me enamoré de ti,
ya empiezo a sentir cómo me estás matando.

59

Te aseguro que cuando te vas a la cama,
y sueñas que abrazas un alma,
esa alma soy yo.

60

Érase una vez un amor...

que ya no es.

61

Apuesto que alguna vez mi recuerdo te ha hecho abrazarla fuerte; con impotencia, desconsuelo y conformidad.

62

Tuve que cambiar,
porque tú nunca lo ibas a hacer.

63

Me dijo: "a ti sí te amé
con todo lo que el amor es".

64

Cuando te beso los labios sé que hay cariño,
pero cuando te beso la sonrisa sé que eres mío.

65

Amor que se duerme se lo lleva el olvido...

66

No sé dónde estás, pero mi amor se ha vuelto tan incondicional que ya ni me lo pregunto. Me basta con saber que existes en algún sitio.

67

La vida me ha enseñado muchas rutas y métodos para huir, el problema contigo es que siempre me quiero quedar.

68

Ayer soñé otra vez con alguien. Mi mente no le puso rostro ni nombre, pero sé que eras tú; sé que siempre eres tú.

69

Este miedo a dedicarte canciones
que ya te dedicaron...

70

Y cuando estés fuera de control, como
acostumbras estarlo, querrás que alguien te mire
de forma paciente y misericordiosa como yo,
pero no lo harán...

Ahí vas a entenderlo todo.

71

Tu recuerdo no peca,
pero incomoda.

72

Quiero regresar,
pero me da miedo darme cuenta
de que ya no me estás esperando.

73

Y así te pulí como si fuera una lija;
al final tú quedaste pulido y brillante
y yo quedé destrozada.

74

Lamento si entre nosotros
tú fuiste el pie y yo fui la piedra.

75

— Cambiaste.
— Ojalá pudiera decir lo mismo de ti.

76

Mi amor, ojalá pudiera cubrirte los ojos de un
prudente velo que te impidiera ver que el mundo
no es tan bueno como tú.

77

Mi corazón está dividido en dos:
la parte que está disponible
y la parte que siempre será tuya.

78

— ¿Dónde estuviste toda mi vida?
— Preparándome para este encuentro contigo.

79

Sé que llegué a tu vida tarde,
pero apelo a mis diez minutos de tolerancia.

80

¿Cuál es la salida?
Si te vas me asesinas,
si me voy es suicidio.

Té de hibisco

La mejor versión de mí

Qué suerte la tuya de conocerme antes de conocerte. Ya sé que es irónico y de pésima sintaxis, pero no iba a perderme la oportunidad de decirte eso: que tuviste suerte de quedarte con la mejor versión de mí.

Te quedaste con una inocente que confiaba ciegamente y que todo te lo daba. Te quedaste con la mejor versión física de mi propio ser; esa a la que le interesaba verse bella y cuya paz en el rostro le hacía verse radiante. Te quedaste con la versión que no guardaba rencor, la que cuidaba y daba amor. La chica, que al no conocer más mundo que tu mundo, afirmaba que era el único y lo adoraba.

Quienes llegaron después de ti se encontraron con la versión rencorosa y desconfiada que formaste; con la mujer rota y lastimada que dejaste.

Voy a extrañar hacerlo reír

Hacerlo reír. Eso quizá sea, de todo, lo que más voy a echar de menos. Echaré de menos todo lo que me daba, es cierto, pero en particular hacerlo reír; porque en el acto de lo que parecía dar, era yo quien recibía.

Amaba su sonrisa, se lo dije alguna vez. Hacerlo reír era lo que le daba sentido a mi vida. Mis movimientos, mis palabras; todo iba encaminado a lograr esa magia.

¿Qué haré con mis instrumentos ahora?, con el chiste empolvado, la broma, la pantomima. Quizá deba dejarlos en el baúl de las caricias y los abrazos; adonde mandé todo lo que, desde que se fue, no me servía.

Aunque, para ser justos, no se puede olvidar lo que se sabe de memoria. Y yo a sus sonrisas las tengo ordenadas en mi mente por duración, ocasión, intención y categoría.

Recuerdo bien que, cuando iba a soltar una risa moderada, primero esbozaba una sonrisa, apretaba los labios, los mojaba y después los abría.

Si a él llegaba un recuerdo, entonces su sonrisa era corta y tierna; miraba al suelo; y si estaba sentado, se erguía.

Si su sonrisa era de burla, entonces apretaba los labios entre sus dientes y levantaba las cejas; lo mismo si era de ironía.

Tenía en particular una sonrisa de lado; una que era forzada, torcida. Esa digamos que, si estaba molesto o con extraños, era la fingida.

Si él sonreía, o mejor aún, si soltaba una carcajada, entonces yo me sentía reconocida por el mundo. Ese sonido que hacía él cuando se carcajeaba (sincero, desbordado, repentino) era una medalla para mí, un triunfo, una conquista.

¿Cómo voy a olvidar eso? La forma en que el mundo giraba soberbio para todos, pero se entregaba a mí en esa risa.

Ponlo a tu cuenta

No va a ser más un amor de dos. No quiero que lo sepas, no quiero que te enteres. No me importa si algo te agrada o te molesta, si estás con alguien, si la quieres, si la besas. Lo que hagas a partir de hoy, cárgalo a tu cuenta; añádele propina, súmale los intereses, réstalos... ¡Cómo quieras!

81

Te equivocaste,
se supone que *toda la vida*
duraba un poco más.

82

— ¿Por qué no me buscaste?
— Porque prefería no verte.
¿Y tú por qué no me buscaste?
— Temía darme cuenta de que preferías no verme.

83

Fue más fácil superarte el día que entendí que no se
puede extrañar lo que no existe.

84

Si, aún te anhelo,
Y no por lo que me diste,
sino por lo que me quedaste debiendo.

85

No me leas los labios… recítamelos.

86

Siempre te diré *cuídate*,
y te prometo que nunca será de mí.

87

Miro hacia atrás, al pasado,
y ahí estás tú, mirándome fijamente.

88

Ya le pedí a Dios que si eres para mí te abra los
ojos; y si no, que me cierre el corazón.

89

Qué triste eso de haber coincidido en época,
continente, tiempo, ciudad... y habernos dejado ir
por estúpidos.

90

Podría decir tantas cosas sobre ti y sobre el daño que me haces, pero lo resumiré en conclusión muy sencilla: no eres una buena persona.

91

Somos polos opuestos, diferentes en todas magnitudes. Eso me preocupa: corremos el riesgo de acabar locos el uno por el otro.

92

No me pidas volver a empezar, volveríamos a hacerlo todo mal; ninguno de los dos cree estar equivocado y ambos seguimos siendo jóvenes y tontos.

93

He dejado mucha vida en esta espera. Comprende
que ya no pueda seguir corriendo tras de ti;
estoy harta, agotada, vieja.

94

Te olvidé en un Abril y cerrar de ojos.

95

Es increíble lo mucho que criticabas a mis viejos
amores y lo mucho que terminaste pareciéndote a
ellos.

96

Desde que tú llegaste
mi vida carece de inviernos.

97

Ojalá la próxima vez sí le digas a alguien cuánto lo
quieres antes de que ya no te crea.

98

Todo empezó a ir mal justo ahí:
cuando te atravesé con mi mano los dedos
y no los apretaste.

99

He dejado de ir por la vida buscándote. Pero no consigo liberarme del deseo de que la casualidad nos encuentre de nuevo.

100

Sírveme una tacita de ti...

101

Le puse tu nombre al lunar de mi espalda...

102

¡Cómo no amarlo,
si me mira cual si fuera
yo un rotundo milagro!

103

Bastará un abrazo para mostrarte el camino a
casa. Con mis brazos te mostraré siempre
a dónde perteneces.

104

Te mando mensaje antes de dormir para que
sepas que, incluso si ese día perdiste todo,
aún me tienes a mí.

105

Este amor ha solicitado
se le deje morir con dignidad.

106

La poesía es solo un pretexto
para hablar con la verdad.

107

No me quisiste más que yo,
pero ni a quien me quiso más que tú,
pude quererlo más que a ti.

108

Empezamos con mensajes cortos,
terminamos con mensajes cortantes.

109

No sé adónde ir,
pero desde que tú estás
sé dónde quedarme.

110

Sé que mi vida está hecha un desastre, sé que en ese desastre te perdí, sé que si quiero que regreses tengo que arreglar toda la basura que hay en mí.

111

Pronóstico del tiempo: va a doler.

112

Pronóstico del tiempo: no cura nada.

113

Dieron las doce y corriste...
Si tiraste una zapatilla, regresaste por ella,
porque no dejaste ni rastro.

114

Ha dejado de llover...
No cabe duda de que hasta el cielo
se cansa de llorar.

115

Siento contigo lo mismo que siento
cuando me pongo el suéter.

116

En mi mente todavía estamos sentados en aquella banqueta ignorando que ya te tienes que ir.

117

Sabrás que me has perdido
el día que decepcionarme te duela más a ti
que a mí.

118

— No funcionó.
— ¿La relación?
— No, él.

119

¿Cuál era la urgencia antes?, cuando dábamos un paso y beso, un paso y beso. Cuando parecía que en mi cuerpo había algo que a tu ser le urgía. Hoy, más que tu mujer, parezco tu sombra amiga.

120

Morir por ti no es el problema,
vivir por ti es lo verdaderamente doloroso.

Café expreso

Solo contigo

Y si alguna vez te topas con alguno de mis viejos amores, no les hables de mí. No hables con nadie de esto. No vayas y digas: «Ella ama dormir en los brazos, ella dice te amo, ella baila, ella canta, ella muerde los labios». No, no les hables de mí. Yo no bailo ni canto ni duermo en los brazos. «¿Quién es ella?» «¿De quién hablas?» —te dirán— «Ella, cuando besa, apenas si roza los labios».

Descripción detallada

Había una sensación extraña, creo; real, sin duda; de que el corazón se detenía; que se aceleraba; ambas, creo, de manera simultánea. Un reloj que avanzaba sin piedad. El sueño, que no era sueño, sin ganas de acabar jamás.

Apenas recuerdo la forma de su rostro, oculta bajo la noche oscura; testigo, cómplice de nuestro juego de palabras, cómplice de nuestro derroche de ternura. ¡Qué amargos los adioses! ¡Qué estorbo la cordura! Radical evitando su caricia; insistente aferrado a mi cintura.

Un lazo que tampoco se rompe

Vivir en tus recuerdos y en tus sueños
Vivir en lo más involuntario de tus comparaciones
Habitar en los lugares que esquivas
Hacer sombra en los lugares a los que vuelves
Es otra forma de para siempre
Un lazo que tampoco se rompe.

121

En este proceso eliminé todo cuanto había de ti.
Pero estaba tan encarnado, que eliminé también
un poco de mí.

122

Y al encontrarnos, después de muchos años,
le di un beso, disculpándome por ofender la vida
que llevaba ahora lejos de mí.
«No es por el futuro -le dije-, es por el pasado».
Y después de liberar tanta añoranza,
volvimos a desaparecer.

123

No me equivoqué al irme,
pero ojalá me hubiera quedado un poco más.

124

Te odio siempre ha sido una buena forma
de decir *te extraño.*

125

Si te preguntas si volteé atrás antes de irme...

Sí lo hice.

126

Tu amor es como el del torero,
que es quien más ama al toro
y aun así disfruta verlo sufrir.

127

Sé que eres tú,
sé que es aquí,
sé que es contigo.

128

Siempre esperas que el que se está yendo volteé;
pero a veces no lo hace, a veces simplemente se va.

129

Ya entendí que no se trata de lo que me das o lo
que te doy, sino de lo que conseguimos juntos.

130

La parte de mí que no te ama,
te odia con todo el corazón.

131

Llámalo masoquismo,
pero me gusta esto de vivir muriendo por ti.

132

Así son el tiempo y el amor,
a veces amigos,
a veces enemigos.
No se sabe como amigo quién es más bueno
ni como enemigo quién es peor.

133

Comprendí que, si una persona te dice que tus
sueños son demasiado para ti, esa persona es
poco para tus sueños.

134

Se nos acabó la lluvia,
se nos acabó el amor.

135

Te dije que me estaba doliendo
y dejaste que me doliera.
Te dije que me estaba cansando
y dejaste que me cansara.
¿Y todavía preguntas qué hiciste mal?

136

Claro que me amó: me miraba como miran los
niños a los fuegos artificiales.

137

Dijiste que siempre ibas a estar conmigo.
Y cumpliste: aquí estás, adentro... por siempre.

138

El trato es simple:
quédate conmigo
hasta que ya no te quieras ir.

139

— Me dijo que le diera dos razones para no irse.
— ¿Y qué le dijiste?
— Nada.
— ¿Nada?
— No, sé que cuando esté por cruzar la puerta se dará cuenta de que tiene una razón para quedarse, y que con esa basta.
— ¿Cuál?
— Su infinito deseo de oírme pedirle que se quede.

140

Invítame a salir,
entre los dos pagamos las consecuencias.

141

En el fondo sabes bien que no hiciste nada para quedarte ni yo para que te fueras.

142

Jamás amaré a nadie como te amé a ti...

(eso es un alivio)

143

Todos tenemos un instinto de conservación que cauteriza las heridas del corazón, con el único fin y la única misión, de seguir existiendo, aunque sea con dolor.

144

Cuando usted me mira
me da la certeza de quién soy,
quién fui y quién quiero llegar a ser.

145

Los colores siguen siendo colores, pero ya no los veo. La música sigue siendo música, pero ya no la siento. Tú sigues siendo tú, pero ya no te tengo.

146

Contigo descubrí
que a veces uno más uno es menos uno
y no dos.

147

Te quiero en las buenas y en las mañas.

148

Tu piel y mi piel se conocen.
Se dicen «¿te acuerdas?»
y se llaman por nombre.

149

Solía pensar que no le gustaban las flores, porque
siempre se le marchitaban; con el tiempo entendí
que es ella quien no les gusta a las flores.

150

Me molesta ser tan menuda en estos casos en
los que necesitas consuelo. Me gustaría ser más
grande y robusta para abrazarte sin dejar ningún
hueco.

151

Lo siento, pero las migajas
no alimentan corazones grandes.

152

— ¿Vas a dejar todo por mí?
— Sí. Y es lo más ambicioso que he hecho en mi vida.

153

Al final logré odiarte más,
pero no quererte menos.

154

Te quise tanto que cuando llegaste a mi vida no solo te di la mitad de mi corazón, sino que te di la mitad más grande.

155

Nunca me volveré a enamorar... No a causa de lo que me diste, sino de lo que te di. ¿Qué le voy a dar al próximo si no me quedó nada?

156

Recuerdo cuando peleábamos porque no cabían nuestras cosas en el closet. Ahora que te fuiste no importa cuánto meta dentro, nunca parece estar lleno.

157

Sentiré otra vez,
pero nunca lo mismo...

158

No podemos ser amigos porque en el fondo cada cosa que haga la haré esperando que me ames, cada cosa que diga guardará la siniestra esperanza de hacer que te enamores de mí.

159

Llegaste y fue como si la vida me estuviera dando una explicación, como si me estuviera devolviendo algo que sabe que me robó, como si me estuviera pidiendo perdón.

Chocolate caliente

Una vida contigo

Quiero que nuestros cepillos de dientes estén en el mismo vasito de plástico toda la vida. Quiero que abras todos los frascos de mayonesa que caigan en mi despensa, llena de aceitunas y toda clase de cosas que yo no comería.

Quiero grabar tu nombre y el mío en el contestador; empezar primero tú, luego yo y terminar a coro los dos. Quiero pelear por el horrible sillón con el que pretendas echar a perder mi preciosa sala azul.

Quiero que todo el mundo sepa que te pueden mandar saludos y recados conmigo. Quiero no saber de qué querer deshacerme primero, si de tu horrible sillón o de tu desastrosa playera marrón.

... quiero una vida contigo.

Sueños y pesadillas

Dicen que los sueños son la representación de tus faltas y anhelos en forma y tiempo que, de poder controlarlos, harías que sucedan. Dicen que tus pesadillas son, por el contrario, la representación de tus peores temores ocurriendo.

En resumidas cuentas, cuando sueño, sueño que te beso; y mis pesadillas son que tú no me respondes.

Merecerte

Me gusta verte, hagas lo que hagas, estés en donde estés. Así, sin más. Por el simple gusto de contemplarte y pensar en qué habré hecho yo tan bien, o qué tan misericordioso fue Dios conmigo, para darme lo que no merezco.

160

En este momento no quiero saber nada
que no tenga que ver contigo.

161

Veo que no aprendí mucho de ti en este tiempo
juntos; pero aprendí mucho de mí, del amor, de las
derrotas y la vida.

162

No me queda más que decir que,
el día que terminaste conmigo,
literalmente, «terminaste conmigo».

163

No es necesario que saltes un acantilado por mí,
solo demuéstrame que serías capaz de hacerlo
y yo saltaré por ti.

164

Poesía:
es la distancia que exista
entre tu boca y la mía.

165

Ya todo lo que hablo de ti acaba en suspiro.

166

Benditos perfumes fabricados en serie, que por un instante me permiten detenerme junto a un extraño para recordar tu olor.

167

Me voy...
No porque lo quiera más que a ti,
sino porque me quiere más que tú.

168

La única desventaja de que me quieras
es cómo eso engorda mi lista de enemigos.

169

Habrás encontrado el amor cuando quieras estar
en una habitación con una persona con el único
plan de verla dormir y sentirla despertar.

170

— Dime que soy la más bonita.
— Eres, en general, lo más bonito.

171

Tengo envidia de la cinta del vestido
que roza tu clavícula.

172

¡Qué iba yo a saber que lo que buscabas de mí no era mi corazón! Fue como querer darte un regalo y ver que te interesaba solo la envoltura.

173

Te lo diré sin rodeos: ya no existes para mí.

174

Compartiremos usted y yo poemas de Neruda y canciones de Sabina, pero prometo que nunca adornaré palabras para suavizar mentiras.

175

Tendré la precaución de firmar con lápiz
la declaración de olvidarte;
por si un día, sin buscarlo, te vuelvo a ver.

176

Mejor haber amado y haber perdido,
que haberse perdido de haber amado.

177

Un día la nostalgia te hará voltear hacia el lugar
donde estaba yo, y no estaré. Entonces sabrás que
te has convertido en pasado y yo en recuerdo.

178

Siempre encontraste mil formas de malinterpretarlo,
pero todo este tiempo lo único que estaba
tratando de decirte es **quédate conmigo**.

179

Cuando pienso en ti es cuando entiendo que no
importa cuánto tropecé, que no importa cuánto
perdí para llegar hasta donde estoy; si tú eras la
recompensa, si todo me llevó hasta ti,
¡bendito el camino que recorrí!

180

Tanto me pediste al cielo
y cuando me tuviste
no supiste qué hacer conmigo.

181

Muchas personas habitan en mi corazón,
pero saben que de esa casa tú eres el dueño.

182

Yo quise traer a tu vida respuestas,
tú llenaste la mía de preguntas.

183

Ni mi soledad fue la pregunta
ni tú fuiste respuesta.

184

Es abuso,
te di la mano
y me tomaste el corazón.

185

Yo no busco ser tu amigo con derechos,
busco ganarme el derecho de ser tu amigo.

186

Cuando dudes de cuánto te quise, solo recuerda
que, cuando quisiste hacerme daño, yo te ayudé.

187

Tus celos mataron lo que yo era. Mataron a la persona de la que te enamoraste, que es la misma persona que se enamoró de ti, y que ya no existe.

188

Su amor era como el anillo que me regaló:
puro baño de oro.

189

A mí también prometió llamarme
alguien que nunca llamó.

190

Ni siquiera me mandaste
una margarita que pudiera deshojar.

191

En definitiva,
vienes a quedarte en mi vida
o a enseñarme una gran lección.

192

Quisimos acabar con la soledad
uniendo tu soledad y la mía,
y quedaron dos soledades mirándose
profundamente resentidas.

193

Es poco lo que tengo,
pero contigo siempre me rinde más.

194

Este es el cuento de una mujer muda
que se enamoró de un hombre ciego.

195

Nunca le había dedicado a nadie tantas horas de
llanto bajo el agua caliente...

196

De todas formas, yo prometí
que te iba a querer toda la vida.
Eso no estaba condicionado
a si te quedabas o no conmigo.

197

No eras tú,
era todo lo que yo no quería entender.

198

Maldita vela del barco en el que voy...
Maldito el número de taxi que te llevó esa noche...

199

Tan habituado estoy ya a este sentimiento
de extrañarte, que tengo miedo de encontrarte
en el camino y descubrir que te he olvidado.

200

Algún día estarás frente a alguien más,
mirando crudamente sus defectos,
echando de menos los míos.

Infusión
de canela

La parte de tu mundo en la que no existo

Me gusta oírte hablar con tus colegas en términos que no entiendo. Saber que existe esa parte de ti que no comprendo, un lugar del que no formo parte, al que no podré acceder nunca; esa parte de tu mundo en la que no existo.

Qué mágico es imaginar que a veces también hablas con ellos sobre mí, y que ellos no entienden nada. Porque es parte de este mundo solo nuestro, intraspasable para alguien más. Del que nadie más podrá formar parte. Del que solo tú y yo conocemos las cantidades, los términos, las fórmulas, los procesos.

Me gustaría decirte que me siento orgullosa de ti y de todo lo que haces bien; decirte que ya sé que sabes mucho, pero que hay días en los que me bastaría con buscar a tu maestra de primaria y agradecerle por enseñarte a escribir «te quiero».

Lo que no sabes de ti

¿Sabes que antes de dormir siempre te pones a titubear entre si subir un vaso de agua a la recamara o no? Te quedas mirando al dispensador y no puedo evitar sentir ternura por ti cuando cierras la puerta y decides que no, subiendo convencida las escaleras con tu decisión. Yo sé que te levantarás por un vaso entre las tres y cuatro de la mañana, pero no te lo digo; me gusta saber cosas de ti que tú aún desconoces.

Tu basura

Bien me hubiera sido (en un acto de despojo) coger todas tus cosas (empezando por las que amas), juntarlas en el césped y enfundarlas en las llamas. Pero sería solo retrasar mi encuentro hacia la calma. Y, a fin de cuentas, ¿qué culpa tiene el césped? Y no es culpa de las llamas. Quédate tú con tu basura; fuiste tú quien dijo: «a veces, simplemente, ya no se ama».

201

Un día renunciamos a nuestros nombres,
yo me empecé a llamar *Mi vida*
y tú te empezaste a llamar *Mi cielo.*

202

Hoy comprendo que el precio del amor
se paga en el olvido.

203

El terremoto que es estar contigo
es una calma para mí.

204

Eres como el solecito
de las ocho de la mañana.

205

Lo maravilloso de sus brazos es que una vez que te
abraza sientes la libertad de llorar por todo lo que te
has estado aguantando.

206

Tengo tanta hambre
que podría comerte a besos...

207

Quisiera quedarme,
pero no vale la pena dar la vida
por algo que ya está muerto.

208

Y esta persona, que dices que nunca te quiso,
te quiso hasta el punto de la rabia
de no poder amanecer contigo.

209

Te daría mi corazón, pero ya no lo tengo.
A quien se lo di antes me lo regresó,
pero decidí aventarlo al mar.

210

No quiero un amor a primera vista, quiero un amor
a última; estar viejos en nuestra cama, y que, al
mirarme por última vez, alguien piense: «¡cuánto
quise a esta mujer!».

211

Él se quedó conmigo porque me quería.
Y yo me quedé con él... porque me quería.

212

Aquella noche me enseñaste en la pista
que el amor se baila.

213

Deja de buscarme, haz de cuenta que ya no existo. Es fácil, sabes cómo hacerlo; solías hacerlo todo el tiempo.

214

Y en busca de un cambio me corté el cabello y lo doné a una buena causa. Así me parecía menos a mí, así me recordaba menos a ti. Supongo que ahora hay alguien que, sin saberlo, porta un cabello enamorado de ti.

215

Abrázame y déjame abrazarte como la primera vez que dijiste que nunca me ibas a lastimar.

216

Ni como el estudiante que mide el tiempo en horas
ni como el preso que lo mide en años; la medida de
mi tiempo es de cuando te fuiste a cuando te veré
de nuevo.

217

De mí se desprende quien nunca supo quererme
y de ti se va quien más te amó.
¿Quién perdió más?

218

Contigo siempre sé a dónde voy
y cuánto me falta para llegar.

219

Tuve amores que me dieron alas,
pero solo tú me enseñaste a usarlas.

220

Confieso que, si después de ti busqué otro amor
de inmediato, no fue porque precisara el calor de
otros labios, sino debido a la necesidad urgente
del abrazo consolador, reparador y sincero de otros
brazos.

221

Si pudiera regresar el tiempo sé que no cambiaría
nuestra separación, pero en la despedida te hubiera
abrazado más fuerte.

222

De todas las cosas que te agradezco,
la que más te agradezco es haberte ido.

223

A veces encuentro un pedazo de ti
en los ojos de alguien más.

224

No quiero ser tu amo,
quiero que me ames.

225

De todas las veces que abandoné mi hogar,
la que más me dolió fue abandonar el hogar que
creí que tendría contigo.

226

¿Cuál es la probabilidad de encontrarte en un lugar
donde viven miles de habitantes, sin que tú sepas
que estoy allí y sin que yo sepa con exactitud en
dónde estás? Tal vez ninguna, pero eres la razón por
la cual, sin importar a donde vaya, siempre voy
mirando por la ventana.

227

Resumiste perfectamente nuestra historia en una
frase: «Tú y yo nunca fuimos jóvenes».

228

Cada lágrima que lloro por ti lava las huellas de los besos que dejaste en mi mejilla. Cada suspiro que doy por ti recupera el aire que perdí cuando me dejaste sin aliento.

229

El eclipse entre tus ojos y los míos...

230

Me prometo ya no quedarme
en donde no me han pedido que me quede.

231

No sé si estoy enamorado,
pero como a ti te miro,
solo acostumbraba mirar al cielo.

232

Gracias por el pedazo de *siempre* que viví contigo.

233

Lo bueno del tiempo es que cura las heridas que
dejan los viejos amores. Lo malo de los viejos
amores, es que siempre regresan.

234

Un día iré a besar a mi nuevo amor en los lugares en
los que estuvimos tú y yo y no me besaste.

235

Este fue el cuento de una mujer ciega
enamorada de un hombre sordo.

236

Siempre que me bebo tu recuerdo,
sostengo la taza con ambas manos.
Y lo hago con cuidado, porque a veces quema.

Agradecimientos

Quiero agradecer a todos los que me han acompañado en esta difícil pero satisfactoria tarea de la autopublicación. Ahora entiendo aquello de preferir no decir nombres por miedo a dejar a alguien fuera, pero sé que a cada uno de ustedes se los he agradecido en su debido momento.

Gracias a Librería Mundo por darme un lugar en sus anaqueles y permitirme ver por primera vez un libro mío detrás de un escaparate.

Gracias a mi hermano por su invaluable apoyo, esfuerzo y entusiasmo. Gracias a mis amigos por su emoción. Gracias a mis padres, porque sin sus cuidados nada en esta vida es posible.

Gracias a todos los lectores que han comprado mis libros y a todos los que se han sumado a mis redes sociales creando una linda y respetuosa comunidad.

Con cariño, Cynthia Zaid.

Made in the USA
Las Vegas, NV
20 December 2022

63645681R00072